Vida de São Geraldo

Pe. FRANCISCO COSTA, C.Ss.R.

Vida de São Geraldo

O homem que brincou com Deus

EDITORA
SANTUÁRIO

Direção Editorial: Pe. Marcelo C. Araújo, C.Ss.R.
Coordenação Editorial: Ana Lúcia de Castro Leite
Revisão: Luana Galvão
Capa: Mauricio Pereira
Diagramação: Bruno Olivoto

**Dados Internacionais de Catalogação na Publicação (CIP)
(Câmara Brasileira do Livro, SP, Brasil)**

Costa, Francisco, 1927 -
    Vida de São Geraldo: o homem que brincou com Deus / Francisco Costa. – Aparecida, SP: Editora Santuário, 1989. (Coleção Vida de Santos)

    ISBN 85-7200-590-0

    1. Geraldo, Santo, 1726-1755. 2. Santos cristãos – Biografia. I. Título.

89-1293   CDD-922.22

Índices para catálogo sistemático:

1. Santos: Igreja Católica: Biografia 922.22

15ª impressão

Todos os direitos reservados à EDITORA SANTUÁRIO – 2017

Rua Pe. Claro Monteiro, 342 – 12570-000 - Aparecida-SP
Tel.: 12 3104-2000 – Televendas: 0800 - 16 00 04
www.editorasantuario.com.br
vendas@editorasantuario.com.br

Apresentação

Q uando contamos a vida de algum santo, tentamos demonstrar que ele não nasceu predestinado à santidade. Embora não encontremos na vida de São Geraldo nada que fosse contrário à sua caminhada para Deus, sabemos que ele travou uma luta renhida para se tornar religioso e alcançar a perfeição. Aos 22 anos pensou em consagrar-se a Deus, vivendo numa comunidade religiosa. Mas o que aconteceu? Por duas vezes foi rejeitado pelos Padres Redentoristas que pregavam as missões. Se tais missionários soubessem que aquele rapaz pobre e franzino viria a ser o grande São Geraldo, sem dúvidas, abririam-lhe as portas do convento imediatamente. Todavia, mais tarde, o Papa Leão XIII iria declarar, ao beatificá-lo: "Que grande santo é aquele irmão humilde!"

Assim vemos que o caminho da santidade não costuma estar coberto de rosas. Trilhando as sendas, onde brotam os espinhos, os santos passam pela tentação e pela provação.

Geraldo não era um sonhador. Estava decidido a se tornar santo, vivendo o Evangelho até as últimas consequências. Fugindo de casa para o convento, deixou um bilhete: "Não se preocupem comigo! Vou partir para me tornar santo!" Durante os sete anos que viveu na Congregação Redentorista, o mais importante para ele foi fazer a vontade de Deus. Viveu apenas 29 anos e alguns meses. Sua vida foi simples e escondida, mas o santo Irmão Coadjutor redentorista foi fiel à sua vocação, aos seus compromissos. Santificou-se na firmeza de sua vontade e na grandeza de seu amor a Deus e à Congregação Redentorista.

E Geraldo foi santo porque viveu intensamente a lei do amor. Amou a Cristo fazendo-se seu perfeito imitador. Amou à Nossa Senhora. "Minha Mãe roubou meu coração", dizia ele. Amou aos irmãos, tudo empregando para salvá-los: palavras, orações e penitências. Amou aos pobres. Desde menino repartia com eles o que ganhava.

Geraldo foi canonizado pelo Papa Pio X em 1904. Deus providenciou para que, por sua bondade, ganhasse a confiança de todos. É um santo popular. Muito invocado como "protetor das mães", pois jamais falhou com aquelas que recorrem a ele em suas aflições.

O autor

1
Uma festa o espera

E ra setembro de 1725.
Lá na longínqua Itália, na província de Basilicata, nas encostas dos Apeninos, na cidadezinha de Muro, vivia o casal Domingos Majela e Benedita Gadella ao lado de suas filhas Brígida, Ana e Isabel. Era uma família feliz e piedosa. Sua casa pobrezinha já estava sendo preparada para receber um pequeno príncipe. Uma festa já se organizava. É que dona Benedita estava grávida. Era o começo de sua gravidez, mas a espera já começava.

Todo ser humano, para crescer e desabrochar, precisa de um clima de calor, de paz, de alegria, de amor. Domingos e Benedita sabiam disso, por isso procuravam fazer de sua casa um verdadeiro canto de amor, de alegria, de paz. Sobretudo agora que esperavam mais um filho.

Dona Benedita era uma mulher simples, trabalhadeira e cuidadosa dona de casa. Cozinhava, varria, lavava, arrumava. Ela via no trabalho uma maneira de amar. Amar servindo. E também sabia que "quem não vive para servir, não serve para viver". Era uma esposa

• 7 •

dedicada e carinhosa, para com o seu marido, e uma mãe terna e atenciosa, amorosa e serviçal para com suas filhas. Amava a oração e, junto com o Sr. Domingos e as filhas, rezava todos os dias. Era com ela e com ele que suas filhinhas aprendiam amar a Deus e ver nele um Pai com quem se conversa pela oração.

Domingos, homem sério, cristão convicto, profissional dedicado, vivia às voltas com as agulhas, as tesouras, a linha, o pano, os botões. Era o alfaiate da região. Ali, sentado junto à mesa de trabalho, enquanto seus dedos manobravam a agulha, seu pensamento estava voltado para sua querida Benedita. Contava os meses, os dias, as horas, esperando o grande dia. Ah, se fosse um menino! De fato, ali naquela casa, uma festa espera aquele que há de vir.

Era 6 de abril de 1726.

De repente, Brígida bate nos seus joelhos e, quase sem fôlego, ela lhe diz: "Papai, nasceu nosso irmãozinho". Sr. Domingos deixa tudo e corre para o quarto de dona Benedita, onde a parteira já estava com a criança nas mãos. Que alegria! Sr. Domingos chega a dar pulos de alegria, pois era um menino. Geraldo será o seu nome.

Nesse mesmo dia, a criança é levada à pia batismal e recebe o nome de Geraldo.

2
Como se faz um santo

Deus é quem faz alguém ser bom, obediente, piedoso, estudioso... Deus é quem faz alguém ser santo. Mas Deus faz isso, servindo-se de instrumentos, usando de mediações. Quando o instrumento é bom, também a obra é boa. Mas quando o instrumento é falho, defeituoso, omisso, também a obra sai falha e defeituosa. E os pais são os instrumentos de Deus para a construção humana e religiosa de seus filhos. Quanto menos falhos e defeituosos forem os pais, menos falhos e defeituosos poderão ser os filhos. E Benedita e Domingos eram duas pessoas abertas para Deus e buscavam a bondade a todo custo. E quem ganhou com isso foram seus filhos.

Já com 5 anos a gente podia perceber que Geraldo tinha algo de extraordinário dentro de si. Embora não perdesse a naturalidade e espontaneidade de uma criança, nas suas atitudes ele já se revelara um homem de Deus. Fazia com simplicidade seus atos de piedade. Parecia que nele se tornavam acontecimento as palavras de Deus a Jeremias: "Antes mesmo de te formar no ventre materno, eu te conheci; antes que saísses do seio de tua mãe, eu te consagrei" (Jr 1,5).

De seus pais aprendeu a gostar da oração, e rezava como gente grande, tal era sua compreensão.

Era um menino que brincava com Deus

3
O menino que brincava com Deus

A uns 4 quilômetros de Muro havia uma igrejinha dedicada à Nossa Senhora. Era Nossa Senhora de Capotignano, como a chamavam. Um caminho pedregoso dava acesso à capelinha. Certo dia, Geraldo sai de casa e vai até lá. Ele era pequeno ainda, mas aprendera amar à Nossa Senhora como sua mãezinha a amava, e desde seu colo. Por isso queria fazer uma visitinha e passar alguns momentos com ela, no silêncio e na solidão.

A imagem de Nossa Senhora tinha nos braços o menino Jesus. Geraldo chega, olha para todos os cantos para ver se não há ninguém lá dentro, e vai devagarzinho até junto ao altar. Parece que vai fazer alguma peraltice. Ajoelha-se e começa a rezar. Quanto tempo rezou, não o sabemos. O que sabemos é que aquela foi uma experiência marcante na vida de Geraldo. Talvez tenha sido a experiência de Deus mais profunda de toda sua vida. Foi algo semelhante a Moisés junto à sarça ardente.

Geraldo parecia uma estátua. Seus olhos estavam cravados naquela que ele chamava de sua Mãe do céu. De repente, teve a impressão de que Deus se fizera, novamente, criança de carne e osso nos braços de Nossa Senhora. Abana-lhe a mãozinha, e Geraldo sorri. Jesus se mexe como alguém que vai descer dos braços de sua mãe. Dá um salto no chão, pega Geraldo pela mão, e lá vão os dois brincar. Era um menino que brincava com Deus. Era um Deus que se fizera menino para brincar com um outro menino. Essa foi uma experiência que se repetiu várias vezes na vida de Geraldo. Mas como foi uma experiência que aconteceu no mais íntimo de Geraldo, jamais alguém poderá explicá-la!

4
O menino prodígio

Geraldo era um gênio. A escola iria revelar sua extraordinária capacidade de aprendizagem, como também sua exímia inteligência. Tinha sete anos quando entrou na escola. Em pouco tempo já estava lendo e escrevendo. Tanta era sua facilidade em aprender que seu professor o encarregava de ensinar os mais atrasados.

Interessante! Menino superdotado: inteligente, vivo, piedoso, obediente, bem-sucedido em seus estudos, e até mesmo colocado como professor de seus colegas. Mas nada disso mudava seu comportamento diante dos outros. Não se orgulhava de nada. Pelo contrário, era sumamente humilde e via essas suas qualidades como um dom de Deus. E um dom que Deus lhe dera, não para guardar egoisticamente para si, mas para repartir com os outros. Esse era o segredo de sua docilidade, de sua prontidão em obedecer, de sua simplicidade. Era assim em casa, era assim na escola. Era assim com os seus, era assim com todos. Por isso era sempre simpático a todo mundo. Todos gostavam dele, e ninguém se acanhava em pedir-lhe alguma coisa.

O pai dos pobres

5
Ele repartia com os pobres

O evangelho conta a história daquela pobre viúva que colocou no cofre do templo as duas únicas moedinhas que possuía. Era pobre e quis repartir de sua pobreza com os outros.

Assim era Geraldo, e desde sua infância. A generosidade e a bondade de seus pais encontravam eco em sua vida. Por isso, na escola, repartia seu pobre lanche com os pobrezinhos.

Geraldo era franzino, mirrado, magro. Por isso sua mãe estava sempre cheia de cuidados para com ele. Todos os dias preparava alguma coisinha para ele comer. Era coisa de pobre, mas era coisa gostosa. Mas Geraldo sabia descobrir crianças mais pobres e mais franzinas que ele, e com elas repartia tudo aquilo que sua mãezinha lhe preparava com todo carinho.

Um santo não nasce pronto. Ele se faz. E para que ele se faça é necessária a cooperação de muita gente. De uma comunidade. Ninguém fica santo sozinho, isolado dos outros.

É bem isto que percebemos em Geraldo. Além da sua família, foram muitas as pessoas de bem que se acercaram dele. E cada um

• 15 •

colocou um tijolinho na construção das virtudes desse menino. A ação santificadora de Deus encontrava nele terreno preparado.

Não sei com que, mas já desde a infância aprendera a se impor certas penitências, sobretudo pequenos jejuns. E fazia-os com consciência do que estava fazendo.

6
Como uma mãe é tudo

Dona Benedita tinha um amor e uma devoção muito profunda para com a Eucaristia e para com Nossa Senhora. E esses seus amores, ela procurava derramar no coração do seu querido Geraldo. E desde cedo. Não esperou que ele crescesse. Ela sabia: é na infância que se transmitem à criança bons princípios. Elas são como um gravadorzinho. Às vezes, custa para reproduzir, mas não falha.

Uma das primeiras palavras que Geraldo aprendeu de sua mãe foi o nome de Nossa Senhora: "Madonna!". E isso se gravou de modo indelével no seu íntimo. E à medida que ele ia crescendo, seu amor à "Madonna" ia se revelando.

Sua primeira experiência de amor à Madonna ele a viveu, muito criança ainda, na igrejinha de Nossa Senhora de Capotignano, onde brincara com Jesus. Diante do altar da Virgem, ali no silêncio e solidão de uma capela, ele sentiu que Nossa Senhora o amava muito, e sentiu também que ele a amava muito. O que terão falado um ao outro, não sabemos. O que Geraldo teria experimentado ali? Dizem que ele se sentiu tão amado pela Madonna que foi como se ela mesma mandasse seu Jesus

• 17 •

entregar-lhe, como presente, um pãozinho branco. Que significava aquilo? Foi apenas uma experiência íntima de Geraldo, sentida só lá no mais profundo do seu coração? Fica sendo um mistério! Talvez essa tenha sido a forma que Geraldo encontrou para expressar todo o carinho que ele experimentou de Nossa Senhora!

Essa experiência marcou a espiritualidade de Geraldo e sua devoção à Madonna. Todos os dias rezava o rosário, meditando os mistérios de nossa redenção; preparava-se carinhosamente para celebrar suas festas; esforçava-se ardentemente para imitar suas virtudes.

Experiência semelhante à de Nossa Senhora do Capotignano Geraldo teve em Caposele.

7
Cristo, centro de sua vida

D e sua mãezinha Geraldo aprendera a amar ao Cristo presente na Eucaristia. E ele cresceu tanto nesse amor que chegou a fazer do Cristo Sacramentado o centro de sua vida.

Criança ainda adquiriu uma compreensão tão profunda da Eucaristia que ninguém precisava mandá-lo à missa. Ele mesmo tomava a iniciativa. Sua fé na presença de Cristo na Eucaristia era uma fé firme e madura e produzia nele uma certeza tão segura de o Cristo estar ali que ele se sentia atraído pela missa. Aquela experiência íntima de convivência com Cristo, até nos brinquedos, lá na capelinha de Nossa Senhora de Capotignano, continuava viva nele.

À hora da comunhão, Geraldo sentia uma vontade incontida de ir à mesa da comunhão e receber a Jesus. Por que os outros podiam e ele não? Jesus não era seu amigo? Não brincara com ele? Um dia não resistiu. Muito compenetrado, cheio de alegria, saiu de seu banco e foi colocar-se na mesa da comunhão para receber a Jesus. Chegou sua vez. Abre avidamente a boca. Olha para o padre. O padre olha para ele e vai adiante, sem lhe dar a comunhão.

Geraldo fica vermelho. Triste. Chora. Fica tão magoado com isso que vai desabafar sua dor a outras pessoas. Desabafos de uma criança, mas desabafos! O que ele terá falado?

8
O que a vida nega, o sonho dá

Chegada a noite desse dia, Geraldo foi deitar-se. Ainda estava chateado com aquele chato do Padre que não quis dar-lhe Jesus. Pensara no acontecimento o dia todo, pois isso mexeu demais com ele. Feriu-o profundamente.

Demora, mas acaba dormindo. Sonhou. Sonhou muito. Viu, no sonho, o chato do Padre que lhe negara a comunhão. Mas, de repente, aparece-lhe em sonho um anjo. Era o anjo São Miguel. Geraldo gostava muito de São Miguel. E São Miguel estava com a hóstia na mão. Aproxima-se dele e lhe dá a comunhão que o padre não quis dar. Que alegria! Que festa!

Muitas vezes, o que a vida nega, o sonho dá! É verdade. Geraldo sentiu-se realizado pelo menos em sonho. De manhã, quando se levantou, contou seu sonho para todo mundo...

Quando, aos dez anos, Geraldo fez sua primeira eucaristia, teve a ocasião de reviver, cheio de alegria, todas essas experiências do passado: o encontro com Jesus na igrejinha de Nossa Senhora de Capotignano, a comunhão que o padre não lhe quis dar, o gostoso sonho com São Miguel. Daí para frente, a cada dois dias, estava ele na mesa da comunhão para receber o Cristo. Cristo era de fato o centro de sua vida. E quando não podia comungar, ia à igreja pelo menos para ver e matar saudades de Jesus.

9
Geraldo e a tesoura

eraldo já contava com doze anos, quando seu pai faleceu. Ficou muito triste. A casa ficou muito vazia. Faltava alguém na sala, faltava alguém à mesa, faltava alguém na missa! Geraldo gostava demais de seu papai. O Sr. Domingos significava muito para ele. E agora? Ele não era apenas aquele homem trabalhador que não deixava faltar nada em casa! Ele era muito mais do que isto. Geraldo percebia a adoração que ele tinha pela dona Benedita. Como os dois assumiam juntos a direção da casa, a educação das crianças. Era quem, junto com a dona Benedita, criava aquele clima de calor, de piedade, de oração, de diálogo, de trabalho e dedicação dentro de casa. Agora ele se foi. Só resta o monumento que ele deixou: sua bondade, sua dedicação, seu amor, seu carinho, sua piedade e, sobretudo, seu espírito de trabalho.

Geraldo era o único filho homem. Devia, de alguma forma, ajudar mamãe na manutenção da casa. Mas como?

Com seu papai Geraldo aprendera a manejar a tesoura, a lidar com a agulha e a usar o ferro de passar roupa. Desde pequenino gostava de

• 23 •

estar ao lado de seu pai para ajudá-lo. Agora, o jeito é substituir o pai na alfaiataria. Filho de peixe, peixinho é. Agora começa mesmo a luta com a tesoura.

Para começar, Geraldo se emprega, como aprendiz, na alfaiataria do Sr. Martinho Panuto. Ali começa sua vida profissional. E com que vontade. Todos os dias, bem de manhãzinha, lá está ele, esperando que a porta da alfaiataria se abra. Era sempre o primeiro a chegar. Entra, deseja um bom dia a todos, reza e começa. Luta e labuta. Dá um duro o dia todo.

Geraldo aprendera a unir o trabalho à oração. Por isso trabalhava e rezava. Aproveitava todos os momentinhos de pausa para se afastar do barulho e colocar-se a sós com Deus para orar. Porque orava, era capaz de fazer do trabalho uma oração.

Mas o Sr. Panuto tinha um sócio que era um verdadeiro capeta. Um carrasco. Que contraste! Panuto era um homem delicado, respeitoso, que sabia tratar bem a todo mundo e tratava a Geraldo de modo muito carinhoso, vendo nele mais um filho do que um empregado. Seu sócio, porém, um bruto, grosseiro, cruel. Não tratava bem a ninguém. Mas a Geraldo fazia questão de tratar mal: dava-lhe pontapés, bofetadas, safanões.

A piedade, a bondade, o respeito, a atenção, que Geraldo dava a todos, eram para ele verdadeiras mordidas. Por isso agredia. A arma dos covardes foi sempre a agressão. Geraldo nunca respondeu à violência com violência, à agressão com agressão. Nunca comentou nada desse monstro com o Sr. Martinho. Às vezes, Geraldo tinha vontade louca de reagir, mas lembrava-se de sua opção por Jesus, e Jesus disse: "Não resistas ao homem mau; antes, àquele que te fere na face direita, oferece-lhe também a esquerda" (Mt 5,39). E aí se continha. Sua capacidade de perdoar era inesgotável. Era o homem do perdão.

*Geraldo, aos 8 anos, recebe do anjo
São Miguel a Santa Comunhão,
que o padre lhe havia negado*

10
Seu primeiro fracasso

Geraldo estava com 14 anos.
Era 25 de junho de 1740, dia de Pentecostes.

Lá na capela das Irmãs Clarissas, em Muro, Dom Cláudio Albini, bispo de Lacedogna, está administrando o sacramento da Crisma. Entre os crismandos se achava Geraldo. Esse foi um dia muito importante para ele. Foi como que um Pentecostes com tudo quanto nele aconteceu, e no seu coração se acendeu um verdadeiro fogo, uma chama ardente: era a devoção ao Espírito Santo. "Não sabeis que sois um templo de Deus e que o Espírito de Deus habita em vós? Se alguém destrói o templo de Deus, Deus o destruirá. Pois o templo de Deus é santo e esse templo sois vós" (1Cor 3,16-17). Essas palavras o arrastavam... o cativavam. Todos os dias invocava o Espírito de Deus e gostava de estar conversando com ele, pois dele recebia força e coragem para continuar caminhando por duro que fosse o caminho. Via nele seu Advogado nos momentos em que se sentia pecador... Recorria a Ele quando estava confuso,

• 27 •

pois Ele era seu Conselheiro... Procurava-o quando estava triste, pois sabia que Ele é o Consolador. Preparava-se carinhosamente para a festa de Pentecostes: muita oração, muito jejum, muita mortificação e penitência.

O sacramento da Crisma despertou em Geraldo uma sede devoradora de Deus. Sentia fome de Deus. E em seu coração já começava a arder o desejo de se consagrar a Deus e aos irmãos na vida religiosa. Não era fogo de palha não. Era algo de profundo. Algo de Deus.

Perto de Muro, os padres Capuchinhos tinham um pequeno convento. A simplicidade, a humildade, o recolhimento e a pobreza dos frades o encantavam e o tentavam. Um dia, quando viu alguns frades passando, não aguentou. Foi atrás deles. Queria ser capuchinho. Queria ser um homem de Deus como eles. Bate à porta do convento. Estava cheio de esperança e entusiasmo, e trazia consigo a certeza de que iria ser aceito. Vem atendê-lo o Sr. Prior. Escuta-o com toda atenção, enquanto o examina dos pés à cabeça. Quando Geraldo acabou de falar, o frade lhe diz: "Meu filho, essa vida não é para você. Você é fraco demais para poder suportar as durezas da vida religiosa. Sua vocação é outra". E despediu-o.

• 28 •

Aquelas palavras foram para Geraldo como um punhal a entrar no coração. Ficou triste diante desse primeiro fracasso. Decepcionado, retira-se, e, enquanto se retira, volta-se e olha para trás para ver se o frade não mudou de ideia. Mas, nada...

... era para ele um verdadeiro prazer
limpar o estábulo

11
Na escola da paciência

ficar decepcionado diante de um "não" quando se espera um "sim", faz parte da vida. E Geraldo também fez essa experiência. Mas não desistiu de sua ideia. "Um dia as portas da vida religiosa irão me acolher", pensava ele. Mas a vida não podia parar, e, enquanto esperava, Geraldo se empregou. Tornou-se criado doméstico do palácio do bispo que o crismara, D. Cláudio Albini.

D. Cláudio era de Muro. Procurava uma pessoa de confiança para ser seu criado. Quando Geraldo se apresentou, D. Cláudio ficou muito alegre e o recebeu como a um anjo de Deus. Não era para menos. O bispo era espeto. Ninguém parava com ele. Tinha um temperamento terrível. Por pouca coisa punha o mundo abaixo. E quando isso acontecia, não respeitava ninguém. Humilhava e maltratava quem quer que fosse.

Os amigos de Geraldo, quando ficaram sabendo disso, tentaram convencê-lo a desistir desse emprego. Por ali já tinha passado um verdadeiro exército de empregados, e ninguém aguentava. Mas Geraldo era meio teimoso e

• 31 •

queria ver quem era mais teimoso: ele ou o bispo. Ia colocar à prova sua paciência, sua capacidade de aceitação, de compreensão, de tolerância, de respeito.

Era em 1741. Geraldo trocou sua alfaiataria pelo palácio do bispo. Deixa Muro e vai para Lacedogna.

Começou a guerra. Todos os dias Geraldo tinha de ouvir os gritos histéricos do velho ranzinza. Depois vinha uma saraivada de injúrias e de palavrões sobre ele. E Geraldo não abria a boca. Tinha paciência mesmo. Aceitava o bispo com todos aqueles limites de um homem autoritário e desumano. Compreendia o porquê daquilo tudo, sobretudo o problema da idade e das enxaquecas. Tolerava tudo, até o que era intolerável. Em todo momento guardava o respeito devido ao bispo e ao patrão. Era só assim mesmo que a fera caía em si, e aí ficava envergonhado com o acontecimento até a próxima ocasião.

Quando os amigos de Geraldo o encontravam, iam logo perguntando: Como vai? Tudo bem? Quando você vai dar o fora no bispo? E Geraldo, sempre a sorrir, respondia: "O Sr. Bispo me quer bem, e eu também o quero bem. E vou ser seu empregado até a morte, se ele não me despachar".

12
A força oculta

Conta a Bíblia que o profeta Elias, desanimado diante dos fracassos e das incompreensões, pediu a Deus a morte. Cansado da caminhada, ele dormia sob uma árvore. Deus enviou-lhe um anjo para confortá-lo. O anjo o acordou e deu-lhe para comer um pãozinho. Elias comeu-o, sentiu-se encorajado e, fortalecido por aquele pão, caminhou quarenta dias e quarenta noites, até ao monte do Senhor. Que pãozinho foi aquele? Não sabemos. Foi um pãozinho misterioso. Também Geraldo, para aguentar os gritos e as injúrias do seu patrão, precisava de um pãozinho assim. E ele soube achá-lo. Era a Eucaristia. Todos os dias estava ele na missa para receber a comunhão. Além disso, todo tempinho livre que ele tinha, dava uma corridinha até o sacrário, para conversar com o Cristo e pedir-lhe coragem. É aí no sacrário que estava a força oculta que o impulsionava sempre para frente. E fortalecido por este pão do céu, Geraldo pôde continuar sua caminhada ao lado de Dom Cláudio. Foram três anos. Só a morte do bispo é o que o fez voltar para Muro. Foi aos 25 de junho de 1744.

Em êxtase, falando de Jesus, no mosteiro das carmelitas, em Ripacandida

13
Outra vez os Capuchinhos

Geraldo já estava às portas dos 19 anos. Sua vontade de entrar para a vida religiosa novamente o atormentava. Mas onde? Lá está ele batendo, de novo, à porta dos Capuchinhos. Dessa vez ia ficar, pensava ele. Afinal já não sou mais criança. Quem veio atendê-lo foi o mesmo prior que o atendera na primeira vez. Fixa os olhos nele e não o reconhece. Tinha sofrido demais na companhia de D. Cláudio. Estava um esqueleto. Pálido como cera. Olhos no fundo. Suas penitências, seus jejuns o tinham enfraquecido mais ainda. Dava a impressão de um doente. Mas mal Geraldo acabou de fazer seu pedido, o prior já lhe foi dizendo não.

Cai numa tristeza profunda. Fica desconsolado. Mais um fracasso. Retira-se dali e vai à igreja; coloca-se diante do sacrário e atira-se nas mãos de Deus. Seja como ele quiser. Recobra coragem e vai para sua casa. O negócio é voltar para a alfaiataria. Deus o queria alfaiate.

Emprega-se de novo. Reaprende a mexer com agulha e linha, junto do velho mestre Vito Mennona. Logo que percebeu que já tinha condição de trabalhar sozinho, abriu sua alfaiataria na casa de sua mãe, e começou a trabalhar por conta. Para ele o trabalho não era apenas uma maneira de ganhar seu dinheirinho para sobreviver. Era muito mais que isso. Era uma maneira de servir a Deus, servindo aos pobres e necessitados. Por isso não cobrava quase de ninguém. Não era careiro, por isso os fregueses eram muitos. Era um bom alfaiate e era muito consciencioso. Não obstante não cobrar dos pobres e fazer quase tudo a prazo, ganhava bastante. No fim do mês, pagava as despesas de sua casa, e o restante do dinheiro, ele o repartia com os necessitados.

Um dia sua mãezinha chamou sua atenção, recomendando-lhe que não esbanjasse seu dinheiro assim com os pobres. A resposta foi a expressão de sua fé e confiança na Providência divina: "Mamãe, Deus cuidará de nós!"

14
"Para mim, o viver é Cristo"

ma coisa que sempre impressionou a Geraldo e influiu marcadamente na sua espiritualidade foi o mistério da Cruz e do Crucificado. As palavras do Apóstolo Paulo dirigidas aos coríntios queimavam seu íntimo e o faziam pensar: "Nós, porém, anunciamos Cristo crucificado, que, para os judeus, é escândalo, para os gentios é loucura, mas, para aqueles que são chamados, tanto judeus como pagãos, é Cristo, poder de Deus e sabedoria de Deus" (1Cor 1,23-24).

Por isso procurava identificar-se cada dia mais com o Cristo sofredor. Eram para isso suas penitências, seus jejuns, seus cilícios, suas orações. Mas, não sofria por sofrer. Sofria para se associar à obra redentora de Cristo. Ele podia dizer de si a mesma expressão que o Apóstolo Paulo usou para descrever sua profunda identificação com a pessoa do Cristo, que sofre para libertar a humanidade do pecado: "Para mim, o viver é Cristo... Já não sou eu que vivo, pois é Cristo que vive em mim" (Fl 1,21; Gl 2,20).

Sua resistência era espantosa. Muitas vezes passava o dia todo sem comer nenhum alimento. Nenhum mesmo. Muitas vezes o seu alimento diário era um pouco de pão seco e duro embebido em água.

Sua mãe não se conformava com esses exageros, mas Geraldo sempre encontrava uma explicação.

Uma vez pareceu-lhe que o próprio Cristo o censurava. Ele estava diante do sacrário. Rezava e rezava muito. De repente ouviu uma voz que lhe dizia: "És um louco, Geraldo". E, em sua simplicidade, ele respondeu: "Vós sois mais louco ainda do que eu, Jesus. Fostes muito mais longe, conservando-vos aí preso por seu amor".

15
As aventuras de um apaixonado

Anos iam, anos vinham, e da cabeça de Geraldo não saía a ideia de entrar para a vida religiosa. Mas como? Já tinha fracassado duas vezes em suas tentativas.

Sua alma sentia uma sede e uma fome incontida de Deus. E ele pensava que só a vida religiosa poderia saciá-la. Porque na vida religiosa ele poderia abrir mais espaços para Deus agir em sua vida: "Ó Deus, tu és o meu Deus, eu te procuro. Minha alma tem sede de ti, minha carne te deseja com ardor, como terra seca, esgotada, sem água" (Sl 63,2). Veio-lhe uma ideia: ficar eremita.

Ali nas cercanias de Muro, por sobre as montanhas, havia uma floresta. É para lá que ele irá. Lá na floresta, longe de tudo que possa dificultá-lo, ele poderá estar bem junto de Deus. Ele tinha um amigo, que também queria consagrar-se a Deus. Convida-o. E lá vão os dois. Tinham uma única regra de vida, um único programa: rezar e trabalhar; trabalhar e rezar; e repartir um com o outro a experiência de Deus que iam fazendo.

O primeiro dia foi maravilhoso. Tudo os ajudava a se sentirem mais perto de Deus. A natureza os encantava. E a oração e o trabalho contínuos tornavam o dia mais curto. Já estavam no quarto dia. Logo de manhã Geraldo percebeu que seu amigo começava a ficar triste. Conversam, e ele conta a Geraldo que não estava aguentando mais aquele tipo de vida. Queria voltar para sua casa. As muitas penitências, a comida pobre e pouca, as longas vigílias, a aspereza do leito que era o chão nu, tudo isso foi quebrando a força de vontade de seu amigo. E ele parte. Geraldo ficou sozinho. Já estava mais acostumado a esse tipo de vida.

Tudo que é bom dura pouco. E assim foi a vida de eremita de Geraldo. Seu confessor fica sabendo de seus excessos na penitência e nos jejuns. E manda-lhe uma ordem terminante de abandonar a floresta e retornar para sua casa e para seu ofício. E Geraldo voltou...

16
"Deixai vir a mim as criancinhas"

Ali na sua casa, em Muro, Geraldo quis fazer uma nova experiência.

Havia ali nos arredores muitas crianças pobres e desamparadas. E resolveu dedicar-se a elas. A atitude de Jesus diante das crianças o encantava. E ele queria identificar-se com Jesus também nisso e foram as palavras de Jesus a seus discípulos que o animaram: "Deixai as crianças virem a mim. Não as impeçais, pois delas é o Reino de Deus" (Mc 10,14).

E começou. Reunia-as frequentemente. Contava-lhes historinhas; falava-lhes de Deus e das coisas divinas. Usava de uma maneira tão simples e gostosa de falar que as crianças ficavam presas às suas palavras. Não só palavra. Criava diversões e brinquedos, e as crianças faziam aquela algazarra. Levava-as a passear pelas montanhas. Saía em romarias com elas. Era um verdadeiro irmão mais velho para aqueles pobrezinhos abandonados.

Não era só fora de casa com as crianças que Geraldo tinha zelo apostólico. Também com os de sua casa. Fazia ali o apostolado do testemunho de vida e também da palavra.

Era assim que Geraldo esperava pela hora de Deus. A hora de entrar para a vida religiosa.

• 41 •

O anjo da paz: todos querem a bênção de Geraldo

17
Ele era um carismático

Conta-se que, um dia, à tardinha, Geraldo sai pela cidade. Ao passar perto de uma construção, ouve gritos e até blasfêmias. Parece que estavam brigando. Para e entra. Fica olhando. Ninguém deu pela sua presença. Aproxima-se e pergunta: O que está acontecendo, meus irmãos? E um deles conta: O burro do Sr. José, ao cortar essa viga, cortou-a demais. Agora não é possível fazer nada, e não temos outra viga.

Calma, minha gente, diz Geraldo. Vamos tentar mais uma vez. Garanto para vocês que vai dar certo.

Um olhou para o outro um tanto desconfiados, e resolveram experimentar. E deu certo. A viga estava na medida. Milagre, gritavam alguns. Esse homem é um santo, diziam outros... E o fato correu de boca em boca.

Na casa de Pannuto é maltratado por um sócio

18
A alegria de uma descoberta

avia surgido mais uma Congregação religiosa na Igreja. Eram os Redentoristas. Seu fundador era D. Afonso de Ligório. Um punhado de homens de valor tinha se reunido em torno dele e, cheios de ardor apostólico, já andavam de cidade em cidade pregando missões populares aos mais abandonados e destituídos de socorro espiritual. Viviam ali pelos arredores de Nápoles à procura dos pobres.

Geraldo fica sabendo. Uma nova esperança nasce nele. Entusiasma-se e quer ser um deles. É a alegria da descoberta.

Era abril de 1749.

A cidade de Muro também estava para receber os missionários redentoristas. Geraldo vibrava. Ia conhecê-los bem de perto e mais profundamente. Podia até conversar com eles e contar-lhes todo o drama que ele vinha vivendo há anos.

Os missionários chegam a Muro. Que festa! As missões são iniciadas e toda a cidade de Muro participa. Geraldo não perde uma cerimônia. Participa de tudo. Todos os dias está presente a tudo. Seu coração vai se enchendo de fogo e ele explode de alegria. Descobre que a vontade de Deus a respeito dele estava manifesta. As palavras de Jesus martelavam no seu coração: "Se queres ser perfeito, vai, vende os teus bens e dá aos pobres, e terás um tesouro nos céus" (Mt 19,21). E Geraldo queria ser perfeito. Por isso procura despojar-se de tudo. Distribui o pouco que tem aos pobres, e sente que um bom caminho já fora andado.

Agora vem o mais difícil para Geraldo. Falar aos missionários que ele queria segui-los. Procura o que mais o impressionara pela convicção no falar, pela simplicidade, pelo espírito de oração... É o Pe. Paulo Cáfaro.

19
Nova tempestade

O encontro com o Pe. Cáfaro foi à tardinha. Geraldo tinha rezado muito aquele dia. Aquele seria para ele um grande dia. Estava alegre e cheio de esperança.

Lá vem o Pe. Cáfaro. Os dois se encontram. Cumprimentam-se e o jeito alegre e simples do Pe. Cáfaro animou Geraldo. Contou para ele toda sua vida. Todas as suas esperanças. Todos os seus fracassos. Abre-lhe totalmente sua consciência. O Pe. Cáfaro só ouve. Não o interrompe um instante. Chega a hora mais difícil: falar de sua vontade de entrar para a Congregação dos missionários redentoristas. E fala. Fala que quer ser um humilde irmão coadjutor, para ajudar os padres na proclamação da palavra de Deus.

O Pe. Cáfaro fixa seus olhos marejados de lágrimas nos olhos chorosos de Geraldo e começa a falar.

A primeira coisa que o Pe. Cáfaro falou, machucou muito Geraldo: "Geraldo a Congregação dos missionários redentoristas não é para você. Você é demasiado fraco para suportar a austeridade da vida religiosa".

Houve um momento de silêncio. Geraldo está triste. Profundamente triste. Chora e chora copiosamente. Despede-se do Padre e vai saindo. De repente para. Volta para trás e faz nova tentativa. Já quase sem voz fala: "Pe. Cáfaro, já entendi tudo. Mas, por amor de Deus, aceite-me pelo menos a título de experiência. Se eu não prestar, mande-me embora depois. Eu queria uma chance".

E o Pe. Cáfaro, muito a contragosto, responde-lhe: "Nem assim. Vai com Deus. Ele lhe mostrará o caminho".

Quando Geraldo entra em casa e toma a bênção de sua mãe, imediatamente ela percebe que alguma coisa tinha acontecido com ele. Depois de alguns momentos, Geraldo conta à sua mãe o sofrimento e a tristeza que ele estava experimentando por causa de mais uma porta que se fechara para ele. Uma nova tempestade se abatera sobre ele. Conta tudo, até o que ele estava sentindo diante daquilo. Sua mãe procura consolá-lo, mas, lá no fundo do coração, ela dá graças a Deus. Não queria nem por um instante que seu filho a deixasse. Depois tenta desanimá-lo da vida religiosa recorrendo a todos os meios. Embora Geraldo adorasse sua mãezinha e suas irmãs, Jesus significava muito para ele: "Todo aquele que tiver deixado casas ou irmãos ou irmãs ou pai ou mãe ou filhos, ou terras, por causa do meu nome, receberá muito mais e herdará a vida eterna" (Mt 19,29). Ele compreendia essas palavras de Jesus, sabia seu alcance. E sentia que elas se aplicavam àquela situação. Ele era homem de Deus e tinha o senso das coisas de Deus.

Dona Benedita, depois de usar de todas as armas para dissuadir seu filho da vida religiosa, percebendo que não o convencera, pôs também suas filhas na luta. Uma só coisa era importante naquela hora: fazer Geraldo desistir de uma vez para sempre de seu propósito. Dona Benedita chegou até a procurar o Pe. Cáfaro e pedir-lhe que não recebesse seu filho na Congregação.

Termina a missão de Muro. Os missionários partem. Geraldo nem pôde despedir-se deles. Os seus não lho permitiram. Trancaram-no em seu quarto.

*Milagre da chave caída no poço
– Casa de D. Cláudio*

20
"Batei e vos será aberto"

Os missionários estão a caminho. Iam a pé. Era o meio de transporte daqueles homens de Deus. A meta é a cidadezinha de Rionero; para uma nova missão popular caminham conversando sobre as maravilhas realizadas por Deus em Muro. Pareciam os discípulos de Emaús. De repente, eles escutam um grito: "Esperem, Srs. padres, esperem! Eu quero ir com vocês". A princípio, levaram um susto! "É um moço", disse um deles. "Vem correndo a toda. O que será que aconteceu?" Quando chegou mais perto, o Pe. Cáfaro o reconheceu. É Geraldo.

Quando os missionários saíram de Muro, Geraldo estava trancado dentro do seu quarto. Desejoso de fazer a última tentativa, pegou o lençol de sua cama. Torceu-o à maneira de corda e o amarrou na tranca da janela. E por ele, sem que ninguém percebesse, desceu até a rua e correu ao encalço dos missionários.

Tenta de novo. Pede ao Pe. Cáfaro que o aceite. Mas o Pe. Cáfaro não quis voltar atrás e disse não. Aí Geraldo começa a chorar, e suplica: "Sr. Padre, experimente-me primeiro, e se eu não servir, despache-me". E foi acompanhando os missionários até Rionero. Geraldo acreditava em Jesus e tinha uma fé profunda

• 51 •

na sua palavra: "Pedi e vos será dado; buscai e achareis; batei e vos será aberto" (Mt 7,7). Por isso não desiste.

Chegam a Rionero. A missão começa. E Geraldo está presente a tudo. E cada dia renova seu pedido. Continua batendo. Deus mostrou a Geraldo um jeito de mover o coração do Pe. Cáfaro. Foi o recurso a uma chantagem. Geraldo vai procurá-lo, atira-se a seus pés e, por entre lágrimas e soluços, diz pausadamente: "Meu Padre, se vocês não me aceitarem entre seus irmãos, vocês irão ver-me todos os dias à porta do convento para pedir esmola. Eu lhe peço por amor de Deus, aceitem-me ao menos por experiência. Se eu não prestar para o serviço, mandem-me embora".

Aí o Pe. Cáfaro se dobrou. Ficou comovido e aceitou-o. Depois enviou-o à vila Iliceto, com esse bilhete dirigido ao Padre Superior da comunidade: "Aí vai um irmão totalmente inútil para o trabalho por ser muito fraco de compleição; não tive condição de rejeitar sua admissão, sem dar-lhe uma chance, isto por causa de seus insistentes pedidos a mim e da grande consideração que lhe têm os moradores de Muro".

Essa cartinha pouco recomendável encheu Geraldo de alegria. E mais alegre ficou quando recebeu a ordem de partir para o convento de Iliceto. E lá foi ele. Depois de um dia de viagem, chegou. Deus seja bendito!

21
Um adeus à sua mãezinha

eraldo deixara sua casa pela janela. Saiu de Muro sem que ninguém de sua família o percebesse. Não se despediu de ninguém. Nem da querida mamãe e irmãs. Saíra como fugitivo. Agora, já aceito pelos missionários redentoristas, cheio de alegria e de esperança, ele escreve uma cartinha à sua "mamma". Queria despedir-se dela e deixá-la tranquila. Assim escreveu ele: "Querida mamma e sorelle: fugi. Já estou com os missionários redentoristas. Não se preocupem. Eu vou tornar-me santo. Esqueçam-se de mim. Adeus!"

Isso foi um terrível baque para dona Benedita e suas filhas. Mas certamente era a vontade de Deus. Por isso Deus seja louvado!

22
Ali morava a paz

E ra 17 de maio de 1749.
Em Iliceto.
A alegria de Geraldo foi grande quando sentiu o calor da acolhida dos missionários redentoristas de Iliceto. Será ali o lugar onde ele se preparará para a vocação a que Deus o chamara.

O convento dos missionários ficava sobre uma colina, perto da vila que lhe dá o nome, à margem de uma floresta. Um pouco abaixo do convento havia uma gruta de pedra. E junto à casa erguia-se uma igrejinha de Nossa Senhora da Consolação, onde se reunia muita gente das vizinhanças para venerar a Madonna. Ali morava a paz. Tudo era recolhimento. Tudo era silêncio.

No mesmo dia da chegada, Geraldo vai à igrejinha. Coloca-se diante do altar da Madonna e ora. Ora, agradecendo-lhe de coração o dom da vida religiosa. Ora, prometendo-lhe ser fiel até a morte à sua vocação naquela casa, sob o manto de sua proteção de mãe.

Todos, na casa, sabiam o que o Pe. Cáfaro pensava dele, mas todos o tratavam com caridade.

• 55 •

A vida começa... e logo todos iam percebendo que o Pe. Cáfaro se enganara. Longe de ser um "irmão inútil" e apenas um jovem piedoso, Geraldo se mostrava um homem incansável. Topava todo tipo de trabalho, e de todos dava conta. Parecia que tinha uma saúde de ferro. Quando o Pe. Cáfaro foi transferido para Iliceto, ficou surpreendido ao ver Geraldo.

23
finalmente Redentorista

E ra pelos fins de 1749.

Geraldo começa o noviciado, em Ilice-to. É uma espécie de estágio de preparação para poder assumir a vida religiosa por meio da consagração a Deus e aos irmãos pela profissão dos conselhos evangélicos, na Congregação do Santíssimo Redentor.

Aprendeu logo no que consistia aquilo para o que viera. Viera para ser irmão coadjutor na Congregação. E ele mesmo, num projeto de vida que fez para si, quis caracterizar bem o irmão leigo redentorista. Dizia ele: "Bom Irmão é aquele que sabe unir o trabalho manual à oração e aos exercícios de piedade; é aquele que acha meios de santificar todo e qualquer trabalho, transformando-o com fervorosas preces jaculatórias; é aquele que é serviçal e está sempre disposto a servir; é aquele que nunca chega atrasado a nada nem se intromete nos serviços dos outros; é aquele que se distingue pelas virtudes da modéstia, humildade, simplicidade, tranquilidade, amor ao silêncio, e reconhecimento de espírito, e não se deixa superar por ninguém em sua prática, sobretudo, na obediência e respeito aos superiores; é aquele que procura ser modelo vivo de amor fraterno... Ama à pobreza; trata com carinho o doente e recebe com amor os hóspedes".

Aí está apenas uma parte do programa de noviciado de Geraldo. E ele soube treinar e experienciar tudo isso em sua vida.

Depois de seis meses de total entrega a Deus sob a orientação do seu diretor espiritual, Pe. Cáfaro, pôde fazer sua primeira profissão religiosa na Congregação do Santíssimo Redentor. Era pelo outono de 1750. Geraldo estava com 25 anos de idade.

24
O amigo dos que sofrem

O noviciado fora uma verdadeira escola para Geraldo. Ali, ouvindo e observando os outros, ele foi, à maneira de discípulo, aprendendo com os mestres. Cresceu tanto como religioso redentorista que ninguém fez restrição a aceitá-lo definitivamente como Irmão Coadjutor. E começou logo a ser um exemplo de religioso para todos.

A primeira incumbência que Geraldo recebe, logo após sua profissão religiosa, foi a de sacristão. Sua alegria foi grande. Bem agora, que ele estava com o primeiro fervor do noviciado, recebe o privilégio de ficar mais tempo mexendo com as coisas de Deus, na Igreja. E que dedicação! Que carinho ele punha em tudo que fazia! Atendia com um amor verdadeiramente cristão todo aquele que vinha procurá-lo na sacristia. Percebia-se que ele tinha gosto em fazer isso.

Sua tarefa de sacristão lhe dava mais oportunidade do que aos outros de estar mais vezes perto do sacrário. Ele cresceu ainda mais em sua fé na presença de Cristo na Eucaristia. Relacionava-se com Ele como se estivesse conversando com uma pessoa à sua frente.

• 59 •

Essa sua fé na Eucaristia ele procurava traduzi-la por meio de gestos bem concretos: as toalhas do altar sempre branquinhas; Cristo estava sempre entre flores fresquinhas; a capela sempre limpa e os móveis sem nenhum pó. Procurava tornar a casa de Jesus bem aconchegante, para que os outros se sentissem bem ali.

Ao lado desse ofício, Geraldo tinha uma obra de misericórdia que fazia dele o amigo dos que sofrem. Era o seu amor, sua dedicação, seu carinho para com todos os que sofrem, sobretudo para com os doentes. Ele via, de fato, nos doentes o Cristo a desafiar a fé dos que dizem acreditar nas suas palavras. Jesus dissera: "Estive doente e me visitastes... Cada vez que o fizeste a um desses meus irmãos mais pequeninos, a mim o fizestes" (Mt 25,36.40).

25
Cristo está presente nos doentes

O sofrimento e a doença fazem parte da vida do homem. E todos nós sabemos que um doente tem necessidade de presença. Gosta de ter alguém perto. Gosta de que alguém o acaricie. Gosta de que alguém o escute. Gosta de abrir os olhos, de vez em quando, e encontrar outros olhos a olhá-lo. E Geraldo sabia muito bem disso. Por isso quis fazer disso um instrumento de pastoral. Uma maneira de se aproximar devagarinho daqueles que tinham sido mais arredios. E quanto consolo, alívio, vida nova, ele levou aos doentes!

O doente é uma pessoa que Jesus escolheu para se fazer presente no mundo e assim testar a fé daqueles que dizem que amam a seus irmãos. E Geraldo soube encontrar sempre Jesus nos doentes que ele visitava. Para uns, era o Cirineu que o ajudava a carregar a cruz do sofrimento e da dor; para outros, era uma Verônica a enxugar o suor e as lágrimas da difícil vontade de Deus; para outros, era como as filhas de Jerusalém que choravam no caminho da cruz de Jesus, para demonstrar compaixão; e ele também tentava colocar-se sob a

• 61 •

pele do doente para sentir suas angústias, suas aflições, suas dores, e assim aliviá-los; para tantos, foi um autêntico José de Arimateia que se esforçava para tirá-los da cruz da dor ou, pelo menos, fazê-los ver os sofrimentos numa perspectiva de fé.

Geraldo via nisso uma forma concreta para se identificar com o Cristo misericordioso e compassivo. Por isso tomou a firme resolução: "Todas as vezes que me for permitido, estarei fazendo visitas aos doentes. Se possível, várias vezes por dia".

26
Às vezes dava uma de Jesus

Geraldo era tão fiel e pontual nas suas visitas aos doentes que, quando por alguma razão ele se atrasava, logo lhe chegava algum recado, dizendo: "Não se esqueça de mim hoje". Mais ainda: sua visita trazia paz e ânimo ao doente. Então ninguém queria ficar sem ele.

Uma vez foi visitar um pobrezinho que estava com tuberculose. Estava mal mesmo. Já não havia nenhuma esperança de cura. Seus dias estavam contados. Quando Geraldo entra em seu quarto, uma grande paz se apossa do doente. Aí Geraldo começa a incutir no pobrezinho a esperança no Cristo que a tantos curou. Fala da necessidade de se ter fé no poder misterioso de Deus. E fala que também ele pode ser curado, porque a Deus nada é impossível. O doente ficou outro; encheu-se de esperança e fé, e Geraldo se despediu dele, dizendo-lhe: "Meu amigo, tenha confiança em Deus, você vai sarar".

O médico estava perto. Não gostou nada do que Geraldo dissera ao doente, pois ele já tinha comunicado aos parentes que chegara a hora fatal. E diz rispidamente a Geraldo: "Ele jamais sarará... Um dos seus pulmões já se foi".

• 63 •

Aí Geraldo fixou os olhos no médico e, cheio de segurança, falou: "Doutor, você acha que Deus não pode curar seu pulmão ou até dar-lhe um pulmão novo? Pois Deus vai curá-lo, para nos mostrar que, nessas horas, só nele devemos esperar".

Não passaram muitos dias, e o que estivera à porta da morte estava na igreja para agradecer. Tinha sarado...

27
Sempre pronto

Curioso! Há certas pessoas que criam tanto espaço para Deus agir no mundo por intermédio delas, que a gente fica pensando, às vezes, tratar-se de um anjo extraviado do céu. Geraldo era assim. Era um homem que estava sempre pronto para o que desse e viesse... sempre pronto para ajudar quem dele precisasse. Era muito ocupado, mas sempre encontrava tempo. Não negava nada a ninguém. É bem verdade aquilo que se fala: "Você precisa de alguém para ajudá-lo? Peça-o a uma pessoa bem ocupada, porque a desocupada não encontra tempo para se ocupar".

Entre suas notas espirituais foi encontrado esse projeto de vida: "Se eu vir um padre ou um irmão precisando de auxílio, deixarei tudo para lhe ser útil, a não ser que a obediência não mo permita".

Geraldo fazia de tudo, por isso estava sempre pronto para tudo. Tinha seus ofícios, mas não se restringia a eles. Sabia encontrar tempo para outras coisas. Normalmente, a gente o encontrava na sacristia ou na alfaiataria. Quando terminava seu trabalho nesses

• 65 •

lugares, lá ia ele ajudar na limpeza da casa, ou na padaria, ou na cozinha, ou no atendimento à portaria do convento.

Não obstante fazer tudo isso, Geraldo ainda encontrava tempo para rezar e muito.

28
Uma cruz no seu caminho

em tudo na vida religiosa é luz. Às vezes a gente se descobre caminhando nas trevas. Nem tudo é estrada asfaltada. Há muita estrada de terra repleta de mata-burros. E bem cedo Geraldo teve de experimentar isso. Deus permitiu que assim fosse para que Geraldo crescesse e amadurecesse mais na virtude. Foi nesse momento de trevas... um caminhar penoso numa estrada de terra...

Era abril de 1750.

O Pe. Cáfaro e seus companheiros estão de saída para pregar missões em Melfi. Para superior interino da comunidade marca o Pe. Mateus Criscuoli.

O Pe. Mateus era jovem ainda. Mas um homem já cheio de problemas. Vivia mergulhado na angústia e continuamente caía numa onda de depressão. Aí ficava mal-humorado ao extremo. Duro e tirânico. Não podia ver nada pela frente. Juntava até a sombra.

O Pe. Cáfaro errou ao indicá-lo para superior, porque não o conhecia ainda. Mas quis dar a ele um voto de confiança.

• 67 •

Logo, todos tiveram de sentir as consequências do erro do Pe. Cáfaro. Os caprichos, os azedumes, as grosserias do Pe. Mateus começaram a aparecer. E quem estava mais exposto a isso era Geraldo. Como penou! Arbitrariamente lhe eram impostas penitências públicas, jejuns a pão e água. Geraldo, em pouco tempo, ouviu palavrões e injúrias mais do que em todos os seus 25 anos de vida. O que mais doeu para Geraldo foi a proibição de comungar.

E Geraldo, que já fora suficientemente treinado nisso quando trabalhava para D. Cláudio Albini, suportava tudo sem se queixar. Era uma cruz em seu caminho, mas ele soube carregá-la com fé e esperança.

Um confrade de Geraldo deixou esse comentário a respeito: "Ou esse irmão é um louco que não compreende as humilhações a que o submetem, ou é um santo que já atingiu o grau heroico do amor divino".

29
O homem da intimidade com Deus

isse um confrade de Geraldo: "Em Geraldo o trabalho nunca se separa do espírito de oração". Era um homem de oração.

Quase todas as noites lá está Geraldo diante do sacrário conversando com seu amigo. Ali derramava lágrimas de amor. O cansaço, o sono, nada o detinha. Não se contentava com aquilo que era escrito. Sua generosidade para com Deus lhe pedia mais. E quantas vezes seus confrades o encontravam, de manhã, no mesmo lugar onde o haviam deixado na noite anterior. Estava em contemplação. Ele costumava dizer: "Quero amar a Deus, estar sempre unido com Deus e tudo fazer por amor de Deus. O verdadeiro amor divino consiste essencialmente no abandono completo nas mãos de Deus, na conformidade à sua vontade". Certa vez ouviram-no exclamar: "Ó vontade de Deus, ó vontade de Deus, quão feliz é quem entende; não quer outra coisa senão o que Deus quer".

Seu amor ao Cristo padecente marcou sua piedade. Alguém disse dele: "Jesus Crucificado era o livro que ele tinha constantemente em mãos..."

• 69 •

Na vida de Geraldo, seu amor ao Cristo era inseparável de seu amor à Nossa Senhora. Tinha também uma intimidade muito profunda com a Virgem Mãe de Deus. Gostava de colocar-se em contemplação diante de sua imagem. E aí passava horas e horas...

30
Todo de Deus

Geraldo já tinha sido testado. Passara pelas mais duras provas. Enfrentara os mais terríveis sofrimentos. E nunca dera nenhuma demonstração de desânimo. Já podia consagrar-se definitivamente a Deus na Congregação Redentorista. Por isso começa aquilo a que damos o nome de segundo noviciado. É um tempo forte de espiritualidade, durante o qual o redentorista se prepara com maior intensidade para fazer a Deus a sua consagração definitiva.

Como Geraldo leva a sério esse período. Seu entusiasmo e sua alegria são transbordantes. Era pelo começo de 1752. E quantos fatos curiosos acontecem nesse período em sua vida!

Certa vez ele estava ajudando a missa do Pe. Giovenale. E Geraldo ficou tão arrebatado pelas coisas de Deus que entrou em êxtase. Totalmente mergulhado na divindade. Era inútil chamá-lo.

Outra vez estava de cama. Ardia em febre. Seu superior deu-lhe uma ordem absurda. Mandou que ele se levantasse e fosse ao trabalho. Geraldo nada disse. Levantou-se e, mal se pusera em pé, a febre o tinha abandonado.

Finalmente chegou o dia de Geraldo fazer a Deus sua consagração definitiva. Era 16 de julho de 1752, festa do Santíssimo Redentor e de Nossa Senhora do Carmo. Foi um dia de muito júbilo para ele. Entregou-se mesmo e de modo pleno a Deus.

Como era de esperar, sua consagração a Deus e aos irmãos pela emissão dos votos religiosos ateou um novo incêndio de amor no coração de Geraldo. Em suas anotações, ele deixou escrito o seguinte: "A 21 de outubro de 1752 fiquei compreendendo melhor as seguintes verdades: Sofrer, e não o fazer por amor de Deus, é um tormento infinito; sofrer tudo por Deus, é uma delícia".

31
O mendigo de Deus

eraldo era irmão leigo e por isso se dedicava aos trabalhos domésticos. Mas não só. Muitas vezes acompanhava os missionários nas missões. Eram oportunidades para ele mostrar seu ardente zelo apostólico. E não raro, ele conseguia mais pelo exemplo de suas virtudes e diálogos espirituais do que muitos pregadores. Seus colegas costumavam dizer: "O trabalho e o exemplo de Geraldo produzem mais resultado do que mil pregações".

Quando um confessor não dava conta de mover o coração de um pecador, encaminhava-o para conversar com Geraldo. Quase sempre e em pouco tempo o sujeito era devolvido já disposto a se converter e a fazer penitência.

Mas não eram as missões que constituíam a ação mais abençoada e profícua de Geraldo. Ele encontrava um campo mais vasto e amplo ainda, quando seu convento passava necessidade e miséria e ele devia sair, pelos arredores, pedindo esmolas.

Sua comunidade de Iliceto começou pobre, e foi sempre pobre. Os missionários só lidavam com pobres e, cada vez que voltavam de uma missão, traziam mais pobreza ainda. Mas nunca chegou ao estado em que estava agora. Situação de miséria mesmo. E lá vai Geraldo, de porta em porta, pedindo uma esmolinha. Era um mendigo de Deus, pois não pedia nada a ninguém sem dar-lhe alguma coisa. Ele fazia dessa peregrinação de mendigo uma verdadeira missão. Pregava a palavra de Deus de porta em porta, de família em família. E quantas conversões! Só Deus o sabe!

Seu raio de ação não se restringia só a Iliceto e seus arredores, ia mais longe. Procurava outras cidades. Quantas vezes teve de pousar ao relento, sob frio e chuva! Quantas vezes teve de jejuar por não ter nada para comer! Era fácil identificá-lo de longe. Pois sempre caminhava a pé, ao lado do seu jumento. Cavalgar parecia-lhe muito luxo e comodidade.

Era assim que Geraldo trazia o necessário para seus confrades e para seus pobres.

32
"Bem-Aventurados sois..."

Cristo disse um dia: "Bem-aventurados sois, quando vos injuriarem e vos perseguirem e, mentindo, disserem todo mal contra vós por causa de mim" (Mt 5,11).

Uma vez aproximou-se de Geraldo uma jovem que queria entrar para a vida religiosa. Seu nome era Néria Caggiano. Era pobre e não tinha com que pagar o dote necessário para sua entrada. Dote era uma espécie de bolsa de estudos. Geraldo, vendo a boa intenção da moça, anima-a e promete-lhe arrumar o seu dote.

E lá vai Geraldo batendo à porta dos ricos. Não se envergonhava disso. Era humilde e sabia colocar-se na sua condição de pobre que quer ajudar um pobre. Por isso estava pedindo esmola. Era para o dote de Néria. Conseguiu quase tudo. E a jovem pôde entrar para a vida religiosa.

E Néria foi para o mosteiro do Santíssimo Redentor, em Foggia. Mas não ficou lá muito tempo. Não aguentou a saudade de sua família nem a austeridade da vida religiosa. Caiu numa tristeza profunda e deixou o convento.

Como justificar sua saída do convento? Tinha vergonha de falar o motivo verdadeiro. E eram muitas as pessoas que perguntavam.

Néria achou um jeito. Iria levantar calúnias contra as religiosas. E inventou barbaridades! Quis envolver também a pessoa de Geraldo. Por isso andou dizendo que ele tinha tido uma aventura amorosa com uma tal Nicoleta, a quem ele seduzira. E Néria conseguiu levar na conversa até seu confessor, Pe. Benigno Boaventura.

Pe. Benigno acreditou em Néria. Achou que o caso era muito grave, e sentiu-se obrigado em consciência a denunciar Geraldo junto a Dom Afonso de Ligório, que era o fundador e superior dos Missionários Redentoristas. Pe. Benigno e Dom Afonso eram muito amigos.

Afonso, quando recebeu a notícia, ficou horrorizado. Foi como se tivesse sido atingido por um raio. Rezou. Pediu as luzes do céu. Ele conhecia Geraldo; conhecia suas virtudes. "Não é possível", dizia ele para si mesmo. "Deve ser calúnia". Dom Afonso, é claro, não iria tomar nenhuma decisão antes de conversar com Geraldo. Para ele valia muito o que Geraldo ia dizer. Por isso manda chamar Geraldo para uma conversa.

Geraldo estava em Iliceto já há cinco anos. Recebe ordem para partir para Nocera dei Pagani. Arruma a maleta e vai. Viajou tranquilo. Não sabia de nada. Chega a Nocera. Vai logo procurar Dom Afonso em seu escritório. Apresenta-se a ele, toma sua bênção e espera. Dom Afonso estava um tanto nervoso. Mas recebe bem a Geraldo. Manda-o sentar, e a conversa começa. Afonso é que toma a iniciativa.

— "Irmão Geraldo, acredito que você já sabe porque mandei chamá-lo. Há aqui uma acusação contra você."

Geraldo gelou. Nunca podia imaginar isso. Baixou os olhos, e calou-se. Afonso continuou e narrou a Geraldo o que se falara contra ele. Depois, perguntou-lhe:

— "Você tem alguma explicação?"

— "Nenhuma, meu Padre", respondeu Geraldo.

— "Não quer defender-se?", continuou Afonso.

— "Não, Padre."

O castigo previsto para um caso semelhante devia ser a expulsão da Congregação.

As palavras de Jesus se tornaram acontecimento na vida de Geraldo: "Bem-aventurados sois, quando vos injuriarem..."

A calúnia: D. Afonso de Ligório e o Ir. Geraldo que não se defende

33
Uma tempestade que se desfaz

odos os que estavam a par do que acontecera a Geraldo aguardavam, com dor, o desfecho fatal.

Dom Afonso tomou uma decisão que ninguém esperava. Proibiu a Geraldo três coisas: conversas com pessoas estranhas à Congregação, correspondência epistolar e participação da comunhão.

A única coisa que machucou muito Geraldo foi a proibição de comungar. Sofre horrores! Mas não se queixa.

Começa agora para Geraldo uma verdadeira peregrinação de casa para casa. Dom Afonso transfere-o para Ciorani. Lá ficava a casa de noviciado da Congregação. E Geraldo teria mais tranquilidade para refletir e escutar a voz de sua consciência.

Em Ciorani fica apenas alguns dias. Dali é transferido para Pagani de novo, e daí para Caposele.

Depois de poucos dias de sua chegada a Caposele, o Padre Superior da Comunidade chama Geraldo e lhe dá uma notícia consoladora. Dom Afonso lhe permitia comungar aos domingos. Que alegria! Que festa!

Caposele seria o lugar da vitória, da justiça sobre a iniquidade!

Não fazia ainda um mês que Geraldo estava lá, quando Dom Afonso recebe uma carta de Néria Caggiano. Afonso lê a carta, e exclama, repleto de júbilo: "Glória ao Pai! Geraldo é inocente!"

Gravemente enferma, às portas da morte, Néria não suporta mais os remorsos que a perseguiam. Por isso escreveu dizendo que tudo quanto falara de Geraldo não passava de calúnia...

Foi um dia de muita alegria para todos! Para Geraldo, não. Ele já estava esperando por isso. A justiça sempre acaba triunfando!

Depois disso, Geraldo pôde trabalhar em vários lugares, levando sempre, a todo o canto, o testemunho de sua vida de homem de Deus.

34
O apóstolo dos pobres

De novo em Caposele.
Geraldo pressentia que seu fim não estava longe. Era preciso aproveitar ao máximo os dias que lhe restavam de vida.

Em todos os lugares onde Geraldo morarou, sempre ficou sendo conhecido por sua humildade, sua paciência, sua hospitalidade e, sobretudo, por seu espírito de oração. Era um homem que rezava e fazia os outros rezarem.

Sua disponibilidade se estendia a tudo. Nunca escolheu seu ofício. Costumava dizer que se pode servir a Deus e fazer sua vontade em qualquer cargo. Por isso se dispunha para fazer aquilo que estava precisando ser feito. E fazia tudo com amor. Cozinhava, quando precisavam de cozinheiro. Ia lidar com forno, quando precisavam de padeiro. Pegava a vassoura, quando precisavam de alguém para a limpeza. Se a necessidade era de alguém que cuidasse do jardim ou da horta, pegava a enxada e ia. E sempre alegre. Era a alegria que não o deixava ficar cansado.

Seu superior era também um homem de Deus. Homem que sintonizava muito com Geraldo, porque os dois estavam sempre sintonizados com Deus. Seu nome era Pe. Cajone.

O número de pobres em Caposele aumentava a cada dia que passava. E todos os dias, de manhã à noite, estavam eles na portaria do convento à procura de comida. Era uma algazarra. No começo até brigas havia pelo primeiro lugar. Para ser porteiro do convento era necessário um homem muito paciente, muito caridoso, muito pronto e bem carinhoso. Por isso o Pe. Cajone pede ao Irmão Geraldo que cuide da portaria. E é ali que ele se converte num verdadeiro apóstolo dos pobres.

Mal o dia começava a clarear, a campainha da portaria já soava. E lá ia Geraldo. E depressa. Já sabia do que se tratava.

Como era carinhoso! Sabia que os seus pobres tinham necessidade não só de comida, mas sobretudo de atenção, de carinho, de amor. Gostavam de uma prosinha. E na prosinha Geraldo aproveitava para colocar um pouco de Deus. E quanta transformação naqueles simples e humildes pobrezinhos de Deus! Quantas conversões!

Havia dias em que os pobres eram tantos, que Geraldo acabava se esquecendo de sua comunidade e distribuía tudo quanto havia em casa. Mas, tinha a firme certeza de que Deus não deixaria faltar nada.

35
Dentre os pobres, dava preferência aos doentes

Ser pobre já é um sofrimento. Mas ser pobre e doente é mais que provação. E isso não passava despercebido por Geraldo.

Sua caridade, seu amor, seu desejo de levar um pouquinho de alegria àqueles miseráveis era tanto que ele procurava dar maior atenção aos pobres que eram doentes. Esses eram seus preferidos. A eles dispensava mais carinho. Quando era preciso, ia na despensa, catava o que havia de melhor e preparava uma alimentação adequada para seus pobres doentinhos. Não queria ver nenhum doente passando fome, por não poder comer a comida que recebia. Geraldo costumava dizer: "Para os doentes pobres precisamos sacrificar tudo, porque eles são a imagem de Jesus. A Eucaristia é o Cristo invisível e o pobre doente é o Cristo visível".

Muitas vezes era visto correndo feito um louco pela rua. Estava indo à casa de algum doente pobre, para lhe dar atendimento. Gostava de ir pessoalmente, pois sabia que muito mais importante do que a comida era sua presença amiga, eram suas palavras, era seu olhar...

• 83 •

Não era só isso não. Geraldo tinha os olhos abertos para tudo que podia ser um problema social. Havia grande dificuldade de arrumar emprego em Caposele. E muitas jovens acabavam se extraviando, tornando-se prostitutas para ganhar a vida. Por isso Geraldo se desdobrava em arrumar emprego para elas e assim prepará-las para o casamento. Não queria que ninguém se perdesse. Por isso se multiplicava para atender a tudo e a todos.

Um grande problema no cuidado com os pobres doentes era a falta de remédios. Não sabemos como nem onde. O certo é que Geraldo os arrumava. De fato, Deus estava com ele e agia junto aos necessitados por meio dele. Era um autêntico instrumento de Deus.

Às vezes, Geraldo até criava casos com o cozinheiro que não o via com bons olhos. Pois Geraldo era tão desligado que, às vezes, chegava correndo na cozinha com uma pilha de vasilhas para buscar comida para seus pobres. Mas a comida já estava sendo posta à mesa, para ser servida à comunidade. Geraldo não atinava para isso. Começava a encher as vasilhas de seus pobres, tirando daqui e dali. O cozinheiro que o observava de lado, perdeu a paciência e gritou: "Que negócio é esse, Geraldo? Você não vai deixar nada para a comunidade?" Calmamente,

Geraldo lhe respondeu: "Deus providenciará", e continuou a tirar comida até encher todas as vasilhas. E lá saiu ele correndo.

Seus colegas chegam para o almoço. O cozinheiro estava branco de ódio. Não dizia uma palavra. Só esperava o Pe. Superior dizer alguma coisa para ele explodir e acabar com aquela mania de pobres. Mas, que surpresa! Não faltou nada para ninguém, e todo mundo saiu do refeitório mais alegre que das outras vezes. Milagre?

O Irmão cozinheiro ficou comovido e começou a acreditar mais em Geraldo e em sua santidade.

*Geraldo gostava de esculpir
imagem e crucifixos*

36
Até o céu se fechara

Que situação difícil! O enxame de pobres na portaria do convento aumentava cada dia mais. O que fazer?

A colheita de 1754 fora um fracasso. E o resultado foi o aumento da pobreza e da miséria na região. Já no mês de dezembro o movimento era grande. Geraldo quase não dava conta de atender a todos. Eram aproximadamente duzentas pessoas: homens, mulheres, crianças, velhos. E o Pe. Cajone tinha recomendado a Geraldo que não faltasse com o cuidado e solicitude aos pobres de Deus, sobretudo naquele ano de carestia. "Irmão", — disse-lhe o Pe. Cajone — "agora você deve pensar em tudo. Se não cuidar bem dos pobrezinhos, morrerão todos. Não ponho nenhuma restrição ou limite a seu trabalho; pode usar para isso tudo o que temos em casa".

O Evangelho sempre encantara Geraldo e trouxera aumento à sua fé. Vendo agora a generosidade do Pe. Cajone, lembrava-se daquilo que Jesus disse: "Não vos preocupeis com a vossa vida, quanto ao que haveis de comer, nem com o vosso corpo, quanto ao que haveis de vestir. Não é a vida mais do que o alimento e o corpo mais do que a roupa? Olhai as aves do céu: não semeiam, nem colhem, nem ajuntam em celeiros. E, no entanto, vosso Pai celeste as alimenta. Ora, não valeis vós mais do que elas?" (Mt 6,25-26).

Não foi preciso dizer mais nada a Geraldo. Tudo estava para ele e para seus pobres.

Aquela gente andava mal vestida, maltrapilha, quase nua, sofrendo os horrores do frio e de um inverno bem mais rigoroso. Geraldo fez o que pôde para aliviar pelo menos um pouco o sofrimento daquela pobre gente. Revirou a casa toda. Mexeu em todos os armários da rouparia; catou tudo quanto encontrou, e distribuiu aos pobres. Eram cobertores, toalhas, camisas, calças, meias... não escapou nada. Um bom número pôde ser atendido, sobretudo os mais necessitados.

37
A fogueira de Deus

Era de tardezinha. Um vento gélido castigava as árvores. E ali na porta do convento já estava um batalhão de gente aguardando o jantar. Estavam todos encorujados e tiritando de frio. Geraldo viu aquilo. Sentiu muita pena daquele povo que sofria tanto. Que fazer? Vem-lhe uma ideia. Mandou que todos saíssem pelos arredores e catassem um pouco de lenha. Fez uma fogueira, e todos puderam se aquecer. Era a fogueira de Deus.

Geraldo não aguentava de comoção e chegava até a chorar ao ver as criancinhas que o rodeavam, de pés nus e tremendo de frio. Seu coração ficava cortado ao perceber mães com seus filhinhos de braço, mal agasalhados, à espera de um pouco de leite. E se desdobrava para atender o mais rapidamente possível. Mas como gostasse de dizer uma palavrinha a cada um, o negócio era demorado.

Quanto mais aumentava a miséria, mais aumentava a confiança de Geraldo na divina Providência. E quanto mais crescia sua confiança, mais auxílios do céu apareciam. Às vezes, Geraldo ficava até zonzo e surpreso. Quantas vezes

• 89 •

não encontrou depositadas na portaria do convento somas de dinheiro para comprar alguma coisinha para seus irmãozinhos. Donde vinham, Geraldo não sabia. Sabia para que eram...

38
Alma de profeta

Em Caposele vivia um flautista muito hábil. Chamava-se Felipe Falcone. Era cego e pobre. Era um dos melhores amigos de Geraldo. E todos os dias estava ele lá na portaria por entre os pobres. Ia buscar alguma coisa, mas ia também dar um auxiliozinho a Geraldo. Com muito custo Geraldo conseguia fazer que todos sentassem no chão e, para distraí-los, Felipe tocava algumas canções. Todo mundo ficava quietinho e prestava atenção. E quando todos estavam compenetrados, Geraldo começava a sua aula de catequese. Enquanto esperavam o pão material, recebiam o pão da palavra de Deus. E Geraldo era um experimentado catequista. Falava de maneira tão simples e curiosa que atraía a todos. Aos poucos seu auditório começou a engrossar. Até gente que não era pobre vinha só para escutá-lo, e tinha de deixar ali sua esmola.

Esse amor de Geraldo pelos pobres só podia ter uma explicação sobrenatural. Era coisa de Deus. Era a expressão mais concreta da caridade de Geraldo. Isso ele procurava copiar da pessoa de Jesus, que disse de si: "O Espírito do Senhor está sobre mim, porque ele me ungiu para evangelizar os pobres..." (Lc 4,18).

• 91 •

Geraldo discutindo com os teólogos

39
Cidade fortificada, coluna de ferro, muralha de bronze

Pelo finalzinho de fevereiro de 1755, Geraldo é transferido para Nápoles. Lá poderia descansar um pouco do muito trabalho com os pobres.

Os moradores de Nápoles já o conheciam e estavam lembrados do tempo em que morara ali. Não viera para receber aplausos pelo muito que já fizera em Nápoles, mas em busca de recolhimento e interiorização. Por isso, quando tinha de sair para a cidade, fazia-o pelas ruas mais desertas para não ser notado.

Um dia lá ia ele. Todo recolhido e concentrado em seu Deus. Não olhava para lado nenhum. A rua estava praticamente deserta. De repente ele escutou assobios. Não ligou. Aí foram vozes. Eram duas prostitutas. Estavam dispostas a mexer com ele, por isso foram chegando cada vez mais perto. Geraldo continua seu passo firme, não dá confiança nem atenção. Uma tocava guitarra e a outra pipocava um tambor e cantarolava uma canção pornográfica. Requebravam e faziam gestos provocantes.

• 93 •

Geraldo parou. Olhou-as com firmeza e disse-lhes com muita seriedade: "Vocês param ou não com essa provocação? Querem experimentar um castigo de Deus?"

E logo uma delas caiu ali mesmo, como que fulminada por um raio. E morreu.

Assim era Geraldo. Dele podíamos dizer o que Deus disse de Jeremias: "Não tenhas medo deles... Eis que te coloco como uma cidade fortificada, como uma coluna de ferro, como uma muralha de bronze" (Jr 1,18).

Era realmente uma cidade fortificada, difícil de ser conquistada pelos inimigos. Era, de fato, uma coluna de ferro, difícil de ser entortada pelos vendavais da vida. Era, na verdade, uma muralha de bronze, que não se abre para o mal.

40
Mestre de obras

De volta para Caposele. Aí iria ficar até a morte. Chegou o mês de junho. Tudo estava muito movimentado. Tinha sido iniciada há pouco a construção de uma casa um pouco maior.

Para supervisionar a construção era preciso um homem de ação e de visão. Um homem batalhador. O Padre Superior pede para Geraldo cuidar disso. Geraldo não recusa. Nunca mexera com isso. Mas Deus irá ajudá-lo, porque a única coisa que o move é o amor a Deus e a seus irmãos.

Todos os dias, já bem cedo, Geraldo era visto entre os operários. Era o mais incansável de todos. Dava tudo de si. E sua atividade e dedicação foram de grande importância para essa construção. Mas, mais importante ainda era sua confiança em Deus. Quantos auxílios ele não recebeu!

Um dia, o Padre Superior falou-lhe muito em segredo:

— "Olhe, Irmão, temos de parar esta construção. Não temos mais dinheiro".

Geraldo percebeu que o Padre Superior estava triste e contrariado com isso, por isso tentou animá-lo e disse:

• 95 •

— "Sr. Padre, faça um pedido por escrito a Jesus Sacramentado!"

O Padre Superior achou aquilo muito esquisito, mas atendeu a solicitação. Escreveu-o e o entregou a Geraldo, e ficou esperando para ver o que iria acontecer.

Geraldo sai correndo. Vai à igreja e coloca sobre o altar o bilhete. Bate à porta do sacrário e pede com simplicidade de uma criança:

— "Senhor, aqui está um pedido nosso. Aguardamos resposta".

Deixou a igreja e voltou para o trabalho.

O dia do pagamento dos operários estava chegando. Seria no sábado. Chegada a noite de sexta-feira, Geraldo coloca-se ao pé do altar e ali passa a noite toda, rezando para obter uma resposta favorável.

De manhã, bateu à porta do sacrário. Mas, agora mais forte. Ele precisava ir, mas que o Pai dos pobres não esquecesse seus filhos.

Já estava descendo os degraus do altar, quando soou a campainha da portaria do convento. Foi atender. Ninguém. Olhou e viu encostadas num canto duas sacolas. Ficou desconfiando. Olhou-as mais de perto, abriu-as e sorriu. Era o dinheiro necessário para aquele dia.

É claro que Geraldo voltou ao sacrário e agradeceu, e muito.

*Mesmo os trabalhos mais pesados
não assustavam Geraldo*

41
O padroeiro das mães

Deus é admirável em seus santos. Para cada um Ele dá um dom especial. Mas para alguns dá uma riqueza de dons. Geraldo foi desses privilegiados que recebeu de Deus uma riqueza enorme de dons. Hoje ele é invocado como padroeiro das mães, sobretudo das que vão ser mãe pela primeira vez. E por quê?

Uma senhora de Senerchia estava em grave perigo de vida. Ia morrer. Mas, estava muito angustiada porque era mãe e não queria deixar seus filhos sozinhos. Procura o Irmão Geraldo. Pede insistentemente suas orações. Geraldo a atende. E reza na hora. Mal acabou a oração, esta senhora já se sentia curada.

Certa vez Geraldo estava em Oliveto. Deixou cair seu lenço e não percebeu. Uma moça ajuntou-o e foi entregá-lo para ele. Geraldo lhe disse muito carinhosamente: "Guarde-o. Pode ser que um dia lhe sirva para alguma coisa". O tempo passou. A moça casou-se. Ficou grávida do primeiro filho e caiu gravemente enferma. Aí ela se lembrou do lenço que ganhara de Geraldo. Mandou que o trouxesse. No mesmo instante em que foi tocada pelo lenço, sentiu que estava melhorando. E ficou curada.

Aí estão dois exemplos. Existem muitos outros.

• 99 •

*Os seus últimos momentos,
diante do crucifixo*

42
O último ano

Por motivos de saúde, Geraldo permaneceu em Caposele. De vez em quando, era chamado para atender os negócios da comunidade na cidade de Nápoles. O povo pedia sua bênção nas ruas e as crianças o seguiam.

Era julho de 1755. Geraldo tinha ido a São Gregório para pedir auxílios para a construção do convento de Caposele. Sobreveio-lhe subitamente um vômito de sangue acompanhado de ardente febre. A conselho médico vai para Oliveto. Ali os ares são mais saudáveis para ele. Percebendo que estava piorando, Geraldo resolveu voltar para seu convento, em Caposele. No dia 31 de agosto já está em Caposele. E foi piorando sempre. Um dia, seu Padre superior lhe perguntou se ele estava conformado em tudo com a vontade de Deus. Geraldo respondeu: "Penso que meu leito é para mim a vontade de Deus e aqui estou como que pregado à sua divina vontade. Parece-me que a vontade de Deus e eu nos tornamos uma única e mesma coisa". Depois pediu que colocassem na porta de seu quarto um cartão com os dizeres: "Aqui se faz a vontade de Deus. Tudo como Deus quer e por muito tempo, quanto Ele quiser".

A 6 de setembro, seu estado era gravíssimo. Mas graças a uma carta que recebeu, teve uma melhora.

Mas no dia 16 de outubro de 1755, com apenas 29 anos de idade, após muitos sofrimentos, entregou sua alma a Deus.

Seu enterro foi muito concorrido, sobretudo pelos pobres.

43
Sua glorificação

anto em vida como depois de sua morte, o Irmão Geraldo operou uma série de milagres. A devoção a ele foi crescendo a cada dia. Até que, a 11 de dezembro de 1904, Geraldo foi canonizado por Pio X. Hoje ele é venerado como São Geraldo Majela. E sua festa é celebrada no dia 16 de outubro.

Oração a São Geraldo, Redentorista

São Geraldo, alegramo-nos pela vossa felicidade e pela vossa glória; bendizemos a Deus que vos cumulou dos mais raros dons de sua graça; e vos felicitamos por haverdes fielmente correspondido a tanta ventura. Ainda que de longe, desejamos parecer-nos convosco. Não são vossos êxtases nem vossos milagres que desejamos imitar, mas sim aquela pureza absoluta que vos distinguiu, aquele amor que vos fazia correr para Jesus Sacramentado; aquele espírito de penitência que vos fez em alto grau semelhante a Jesus Crucificado, aquela inviolável fidelidade à vontade divina, aquele desprendimento que vos tornou religioso, pobre, casto e obediente, aquela caridade fraterna que vos fez dedicado aos trabalhos mais humildes e pesados, consolador dos aflitos, socorro dos pobres e famintos, poderoso apóstolo dos abandonados.

Ó São Geraldo, admirável por tantos prodígios operados em favor daqueles que vos invocam, socorrei-nos em nossas moléstias, desventuras, combates de espírito e de coração, e em todas as aflições que enchem de amargura esta vida. Além disso, defendei-nos de todos os pecados, obtende-nos, por intercessão de Maria, a graça de nos conformarmos à imagem de Jesus Cristo, como vós, a fim de que, depois desta vida, tenhamos a ventura de o gozar e de o louvar eternamente convosco. Amém.

Índice

Apresentação 5

1. Uma festa o espera 7

2. Como se faz um Santo 9

3. O menino que brincava com Deus 11

4. O menino prodígio 13

5. Ele repartia com os pobres 15

6. Como uma mãe é tudo 17

7. Cristo, centro de sua vida 19

8. O que a vida nega, o sonho dá 21

9. Geraldo e a tesoura 23

10. Seu primeiro fracasso 27

11. Na escola da paciência 31

12. A força oculta 33

13. Outra vez os Capuchinhos 35

14. "Para mim, o viver é Cristo" 37

15. As aventuras de um apaixonado 39

16. "Deixai vir a mim as criancinhas" 41

17. Ele era um carismático 43

18. A alegria de uma descoberta 45

19. Nova tempestade 47

20. "Batei e vos será aberto" 51

21. Um adeus à sua mãezinha 53

22. Ali morava a paz 55

23. Finalmente Redentorista 57

24. O amigo dos que sofrem 59

25. Cristo está presente nos doentes 61

26. Às vezes dava uma de Jesus....................63

27. Sempre pronto......................................65

28. Uma cruz no seu caminho.......................67

29. O Homem da intimidade com Deus..........69

30. Todo de Deus 71

31. O mendigo de Deus................................73

32. "Bem-Aventurados sois...".....................75

33. Uma tempestade que se desfaz 79

34. O apóstolo dos pobres............................81

35. Dentre os pobres, dava preferência
aos doentes..83

36. Até o céu se fechara 87

37. A fogueira de Deus.................................89

38. Alma de profeta.....................................91

39. Cidade fortificada, coluna de ferro,
muralha de bronze....................................93

40. Mestre de obras 95

41. O padroeiro das mães.............................99

42. O último ano 101

43. Sua glorificação.....................................103

Oração a São Geraldo, Redentorista 105

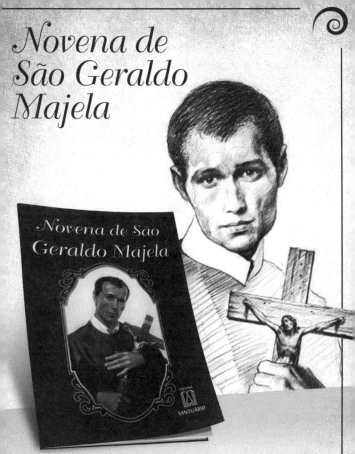

Novena de São Geraldo Majela

Na novena de **São Geraldo**, por meio de aspectos da vida e da trajetória desse que é um dos santos mais populares e conhecidos do Brasil, somos convidados a rezar para pedir a sua intercessão em favor de nossas necessidades e súplicas.

0800 16 0004
editorasantuario.com.br

EDITORA SANTUÁRIO

Inspire sua
vida com o livro
SÃO GERALDO MAJELA

Conhecer mais sobre a vida de São Geraldo é constatar sua indiscutível vocação para a santidade. Uma história repleta de exemplos de fé, de um homem que fez da sua missão converter os afastados ao Evangelho de Jesus. Sem dúvida, uma obra necessária para nossa vida cristã.

0800 16 0004
editorasantuario.com.br

A marca FSC® é a garantia de que a madeira utilizada na fabricação do papel deste livro provém de florestas que foram gerenciadas de maneira ambientalmente correta, socialmente justa e economicamente viável.

Este livro foi composto com as famílias tipográficas Times e Rostock Kaligraph e impresso em papel Offset 75g/m² pela **Gráfica Santuário.**